# レオ先生の「悩むのに飽きたら開く本」

坂口烈緒
SAKAGUCHI Leo

文芸社

目次

# レオ先生の「悩むのに飽きたら開く本」

## はじめに

人間の願望って何なのかな？
人間の本質って何なのかな？

なんだか哲学的で、すごく難しい質問だね。
この問いに明確な答えを出すことは間違いなく困難だし、そもそもそんな答えは、存在するのかな？

まあ、でも、人の願望、欲求を注意深く見てみると、人間が夢を持ったり、物事に意欲を持つ根源的な理由は、なんとなく想像できるかもね。

人が抱く「目標」や「夢」の共通点って何なのかな？

もちろん、目標って色々あるよね？

それこそ、人の数だけ違ってる。

ある人は、「溢れるほどの資産を手にしたい」とか、またある人は、「一生寄り添ってくれる伴侶や家族が欲しい」とか、あるいは「病気と無縁の人生で長生きしたい」とか……。


こんな風に、「目標」って一口に言っても、様々なものが出てくるはずだよね。

でも、この目標ってさ、一見すると多様に見えるけど、実はすべての目標に共通した、たった一つの「願い」が隠されていることに気づくのよね。

人のみならず生物なら本能的に持っている「願い」。

それは、

「**安心したい**」

裏を返せば、

「**怖い思いをすることも、その可能性も想像しなくていい人生**」

大前提として、これが欲しいのよ、人間は。
例えばさっきの資産が欲しいって人も、厳密には、こうなる。
どれだけお金を使っても、お金が必要になっても、資産が減ってしまうこと、足りなくなることを「恐れず」に、「安心して」過ごしたいから、有り余るほどの資産が欲しい。

病気になりたくない人は、わかりやすいね。

病気になって、誰かに迷惑をかけるのが「怖い」から、寝たきりになって不自由になっちゃうのは「怖い」から、「死」の影を感じずに、「安心して」人生を全うしたいから、健康でいたい。

一人きりで人生を過ごしていくのは寂しいから、愛してもらえないのは怖い、一人で死ぬのは不安だから、信頼のおける誰かに近くで「安心させて」欲しいから、パートナーや家族が欲しい。

当たり前の話に聞こえるけどね、これは裏を返せば、人間は、いつも何かを怖がっている、ということなのよ。

だから僕らは生きていく中で日々、不安、怒り、恐怖、絶望、悲しみ、数えだせばきりがないほどバリエーションに富んだ、色んなネガティブな感情と向き合って、戦い続けなければならないわけだね。

みんなやってることだけど、こうやって読んでみるとなんだか大変そう。

たしかに「安心」が欲しくなるのがよくわかるね。

人の安心したい欲求の象徴が「目標」で、それが無数にあるというなら、人は同じように無数の不安も持ってるわけだよね。

そして、この恐怖と不安の原因。これが「悩み」というやつになるね。

うん。たしかに「悩み」ってやつも、人の数だけ無数にあるんじゃないかな。

この「悩み」ってのは、よくよく考えてみると面白いものだよね。

新しく生まれてくるネガティブな感情の原因でありながら、そもそもはネガティブな感情が引き金になって生まれてるんだからさ。

そう、大体の悩みは、「ああ！　安全な人生が脅かされるかも！　奪われるかも！」という、「恐怖心」とか怒りや嫉妬が引き金となって起こるんだ。

で、これが悪いスパイラルに入るとさ。

安心感を奪われ、ネガティブな感情に支配され、恐怖に呑み込まれて、新たなネガティブな感情を生み出し、また恐怖が生まれ……。

なんて状態になっちゃうのよ。

本書を読んでくれているあなたが、もし今深く悩んでいたり、精神的な苦痛から逃れられないような感覚があるならさ、こういう状態かもしれないのよね。

それでだ。

前置きが長くなったけど、以前、まさに僕自身がこの負のスパイラルを体験したことがあってね。その時の話がもしあなたの役に立てば、と思うんだ。

僕は、国籍も育ちも日本なんだけど、母は外国人で、父は日本人。いわゆるハーフなのよ。

そしてその母がさ、有名なカウンセラーだったりしてね。
僕は母の影響で、十五歳くらいからかな？
方々でカウンセリングやセッションを仕事としてさせてもらっていたのよ。

生まれつき外国との縁があったこともあってね、ビジネスの場も世界中に広がっていった。この本を書いている今では、セッションを行ったクライアントの数は九千人を超えるほど。海外の大学に講師として招かれることもあるし、もちろん名前は出せないが、ＶＩＰのクライアントも増えていった。

どう？
なかなかカッコいい経歴でしょ？（笑）
でもさ、十代の時からこんな経歴を重ねるとね、調子に乗るものなのよ。

あれは、ちょうど医者に、二年以内に死ぬって余命宣告を受けた時の話だ。
僕は死ぬのが「怖かった」。

ちょうど僕がまだ二十歳のころかな。
ある厄介な指定難病にかかってしまってね。

その時は「自分は、年の割には結構立派なキャリアと経験を積んだカウンセラーなのだから、どんな恐怖が訪れようと、セルフカウンセリングで自らの精神を癒やせるだろう」とか思っていたわけだね……。

我ながら痛い子供だなあ。

書いてて恥ずかしくなってきちゃうよ。

カウンセラーもただの人なのにね（笑）。

実際に、医者に「あなたは重度の難病で、二年くらい生きられたら長いほうですよ」なんて言われた時に心に訪れた、「恐怖心」っていうのは、想像してたのとはかなり違ったね。

抽象的な表現になっちゃうけど、なんて言うのかなあ。普段、想像している恐怖心より、ずっと重たくてね。もっと暗くて、ねちっこくて、ドロッと精神にへばりつくような冷たい何かって感じでね。で、まるで底なし沼のように暴れれば暴れるほどこの心にまとわりついてくる。

そんな感じだったなあ。

でさ、そんな「恐怖」を嗅ぎつけるとね、「ネガティブな感情」は獲物が底なし沼にはまって動けなくなるのを待ちわびてたみたいに、大群で群がってくる虫みたいにさ、足元から、一斉に這い上がってくる。

そんなイメージ。

でもね、ある考えをきっかけにして、そんなイヤらしい恐怖を乗り越えることができたのよ。それ以来は、もちろん、あそこまで怖いことを言われることも今はないけどさ、他のどんな「恐怖心」にも「ネガティブな感情」にもこの考えを応用して、ものすごく幸せに生きられるようになったんだ。

だから、そうだね、この本を手に取ってくれたあなたには、この本の先の章で、色々な悩みを乗り越える考え方を知ってもらう前に、まずこの考え方を知って、実践してみてほしいな。試しにね。

うまくいけば、この本はそこで読むのをやめちゃってもいい。そのくらい大事な話。

# ネガティブな感情を作る「種」

さて、ネガティブな感情や悩み。

厄介な奴らだけど、こいつらを作りだした、「元」になっているものがあってね。

しかもその「元」ってのは、どんなネガティブな感情にも共通しているのよ。

まあ、ネガティブな感情や悩みを植物に譬えるなら、共通した「種」があって、この全く同じ「種」から別々の「ネガティブの木」が生えてくるわけだ。

なんだか不思議だよね。

でも、たった一つの同じ「種」から生まれているということは、それを取り除いてしまえば、これ以上新たなネガティブが生まれなくなるんだ。どんなネガティブもね。不安も、怒りも、恐怖も、悲しみも、嫉妬も、全部。

そうなったら素敵だよね。

で？　その「種」はいったい何なのか？

っていうと、

「**期待**」っていうやつなんだよね。

「期待がすべてのネガティブの種です！」

と言われてもピンとこないよね？

じゃあ、ちょっと考えてみて

例えばさ、あなたが誰かに傷つくことを言われたら、どんな気分？

興奮するなんて言わないでね（笑）。

まあ、きっと多くの人は、嫌な気分になるよね。僕もそう。

腹が立つだろうし、悲しいだろうな。

じゃあ、道行く人に突然暴力を振るわれたらどう？　考えてみて。

もちろん肉体的にも傷つくかもしれないし、精神的にもとてもショッキングだよね。

トラウマで外を歩けなくなるかも！

自分の恋人や伴侶がさ、あなたを裏切って、浮気をしたらどう？

当然これも、傷つくんじゃないかな。僕ならショック。悲しいし、怒るし、嫉妬もするね。


ここで知っておいてほしい衝撃の事実があるんだ。

あなたはね、悪口を言われても、実は大して傷つきはしないのよ。


「え？　いやそれはレオ先生がわかることじゃなくない？」って思った？

いやいや、ほんとに、別に暴力を振るわれても、心は大して傷つかないし、浮気自体は何とも思っていないのよ、あなたは。

信じられる？

今、「いやいや、自分が浮気されたり、悪口を言われた時には、確かに傷ついたよ」なんて考えた人がいるかもね。

厳密に言うと、あなたが傷ついたのは確かなのよ。ストレスを受けたのも。でもね、傷ついた理由は「浮気」や「暴言」や「暴力」じゃないってこと。

まあ、心理学の話になるんだけどね。人は成長とともに、効率的に生きていくために、無意識のうちに「前提」ってやつを作るのよ。

例えば、こんな風に。

大人になるにつれて「人に突然暴力を振るってくる人なんていないはずだ」という前提を作る。

恋人と過ごすうちに「この人は、浮気しないはずだ。浮気していないはずだ」という前提を作る。

対人経験を重ねていくうちに「他人に暴言を吐くなんて間違ったことだから普通はしない」という前提を作る。

そして僕ら人間はね、悪口を言われるより、浮気されるより、どんなストレスよりも、自分の前提を裏切られること、覆されることが恐ろしくて、辛いのよ。

想像できる？

だって、あなたは暴力を振るわれたら傷つくって、そう思ってたみたいだけどさ。
でも、想像してみて。もしあなたが、ボクシングの試合に出てる選手だとしてね、めちゃくちゃに殴られても、「ひどい、あの人は私に暴力を振るった」などといって傷つかないよね？

なぜ傷つかないの？

それはあなたが、ボクシングの試合とは「そういうもの」だと考えているから。
つまり、ボクシングの試合の上では、殴られはしないだろうという「期待」がないから。

ほら、あなたが傷つくのは「殴られた時」じゃなかったでしょ？

「殴ってこないだろうという期待を裏切られた時」じゃないかな。

そう、人は生きていく中で、自然に、無数にこういった勝手な予測を立てて、前提を作ってしまっているのね。

そして、この前提こそが「期待」ってやつだ。

今度は、あなたにこんな同僚か友達がいたとしよう。

その人は、いつも誰の話もろくに聞かないことで有名。

でも、何かのきっかけで、あなたはその人に何かしらのアドバイスをしなければならない状況になった！

仕方がないから、あなたはアドバイスしようと試みるけど、結局は予想通りまともに聞いてもらえなかった。

さあ、想像してみて。どう感じる？
まあ、腹は立つけど、大して傷つかないんじゃないかな？
どちらかというと「やっぱりね」という、納得に近い感覚を覚える気がするなあ。

反対に自分の親友とかさ、大事にしてる後輩とか、メンターと言えるような、いつもあなたの話を聞いてくれて真摯に受け止めてくれる人がいたとしてね。
もし、あなたがその人に何か相談事をしたり、アドバイスをしたのに、ないがしろにされて、ろくに聞いてもらえなかったとしたら。

想像してみて？
どう？

おそらく、こっちのほうが傷つくよね。悲しい気持ちになるよ、きっと。

でもね、よく考えてみて。

やっていることも、されてることも、さっきの人の話を聞かない人物に対しても、親友かメンターに対しても、全く同じなのよ。

違いはというと、僕らがそこに「こいつはいつも話を聞かないから今回も聞かないだろう」と「期待していない」か、「この人はいつも話を聞いてくれるから、今回だってそうに違いない」と「期待を抱いている」か。

これだけなのよね。

もしも各県に三人ずつ愛人がいるような、筋金入りのプレイボーイか、いわゆる魔性の女として有名な人物とあなたが付き合ったとしよう。

そして、その恋人もあなたと付き合う時に「私は今後も浮気をし続けるでしょうね」なんて言っていたとしよう。

その浮気者に浮気をされて、あなたは傷つくかな？

まあ、傷つく気はするけどね。

なんか、腹も立つし（笑）。

でも、それは、あなたの中に根拠のない「自分との恋愛の時は例外かもしれない」という期待があったから。

じゃあ、反対に、とても硬派で一途、人生で一度も浮気をしたことはない！　というような恋人に浮気をされたと想像してみて。

こっちのほうが、確実に、より大きく傷つくことは、想像に難くないね？

この差は、ここに、この人は硬派だから浮気をしないであろうという「期待」があるか、ないかの差なのよ。

もちろん、行ってることはさ、同じ浮気だし、なんなら遊び人のほうが派手に浮気してるだろうから、内容で傷つくって言うなら、これはおかしいよね。

やっぱり僕らは「内容では傷つかない」んだね。

じゃあさ。

あなたはさっき、悪口を言われたら傷つくなあって、思ったよね。

でも、いったい誰が、「あなたの周りの人たちは、あなたに悪口を言いませんよ」って、保証してくれたのかな。

いったい誰が「その人は、あなたを裏切ったりしない、浮気はしないよ」と保証してくれたのかな。

思い返してみて？

あなたの親？

弁護士かな？

国？

法律？

もちろん、そんな保証してくれる人はどこにもいないし、保証されてもいないよね。

でも、期待しちゃう。結局、僕らは、勝手に期待して、勝手に傷ついちゃうっていう厄介な習慣を持ってしまっているんだ。

じゃあ、どうしたらそんな習慣をやめられるのかな？

ここまで、色々な譬えを用いて、いかに「期待」がストレスを生んでいるか、について話したけど、次はそんな期待を手放して楽になる練習法についてだ。

「僕らは一匹のサル」

こんな風に考えてみてほしい。僕らはサル。

サル、そう、あの動物園にいるやつ。お猿《サル》さんだ。


実際、「ターザン」みたいに、生まれた瞬間から山に捨てられて、サルにでも育てられたら、人間もサルのような生き物になるんじゃないかな？

きっと言葉はしゃべらないし、服を着ることもないだろうね。もちろんお金を稼ぐこともしないいし、使うこともないだろう。こうやって本を読むことも、できないんじゃないかな？

全く文明に触れていない、まっさらな状態の人間というのは、そんな状態なんじゃないかな？

結局、それが何の影響も受けていない、まっさらな状態の僕ら人間の正体。言ってみれば、僕らの本質なんだよね。

でもさ、あなた自身や周りの人を見てほしいんだ。

服を着ているよね。きっと言葉で会話をしている。買い物をして、調理された食材を食べて、病気にならないようにマスクをつけて、アクセサリーをつけてオシャレをしている人もいるだろうね。電子機器を使いこなして、本を読んで、学んだことを自分の人生に活かそうとしている。

本当はサルなのに？

驚くべきことだと思わない？
ありえないことだよね。まさに奇跡だ。

もし、あなたが朝にこんなニュースを見たらどう思う？
「あるサル山の一匹のサルが、メンタルヘルスについての書籍を執筆しました。数多くの他のサルがその本を読んでいます。さらに別の一匹はそれを人生に活かすことを決意したようです。すごいですね」

どうかな？

みんな「奇跡だ！」と言ってびっくりするに違いない。

でも、そんなことが、今実際にあなたの身に起きているのよ。

そう、「奇跡が当たり前のように」起きているんだ。

例えば、宝くじの一等が当たるのは「奇跡」だって、多くの人が感じるんじゃないかな？　そうだよね？


じゃあ、あなたがもし、こう言われたらどうする？

「宝くじの一等の金額として、七億円あげるよ！」

ウキウキだよね！「喜んで頂きます！」って誰もが言うはずだ。

でも、その後にこんな風に言葉が続いていったらどう考えるかな？

「七億円の代わりに、明日からあなたは目が見えません。腕が使えなくなります。足が使えなくなります。耳が聞こえなくなります。一生、洋服が着られなくなりますから、裸で過ごしてください。一生、調理したモノは食べられませんから、生ものだけ食べてください」

これは困ったね。こう言われると、その七億円はなかなか受け取れなくなる。

ということは、僕らが「奇跡」と呼んでいる宝くじの一等。それ以上か、少なくとも同等の価値を持った「奇跡」を僕らはいくつも起こしているわけだ。普段から、当たり前のように。

モノをつかめて、地面を歩くことができて、モノを見ることができて、お金を使えて、仕事ができるという奇跡を、毎日、その身で体験しているんだ。

でも、そんな奇跡たちは、当然のような素振りで日常に存在しているものだから、僕らはそれを、いつの間にか当たり前にしてしまっているんだ。

じゃあ、また言い方を変えてみよう。僕らは電子レンジ。物を温める機能しかない昔ながらのシンプルな電子レンジ。

想像してみてね。
物を温める機能しかないはずなのに、さっき言ったように、いくつもの奇跡を毎日当たり前のように体験しているわけだ。
だから、譬えるなら、電子レンジでブルーレイディスクを再生しているようなものなんだ。毎日何枚も。

ありえないよね？

「サル」が本質である僕らが、モノを使ったり、考えたり、言葉を発したり、自分を磨いたりするのは、これと同じくらいありえないこと。当たり前とは言えないこと。

さて、じゃあ、あなたは実際に電子レンジでブルーレイディスクを再生しようと試みたことはある？

ないよね？

あったら僕の個人カウンセリングを受けることをお勧めするよ（笑）。

じゃあ、仮に、あなたが電子レンジにブルーレイディスクを入れて、温めボタンを押してみたが、一向に何の映像も再生されなかったとしよう。

その事実に傷つくかな？

いや、まあ、ほとんどの人は傷つかない。

何でこんなことをしているのだろう？　くらいにしか思わないだろう。

それは、前項でも言ったように、電子レンジでブルーレイが再生できるという「期待」をしていないからだね。


じゃあ、買ってきたばかりのブルーレイ再生用のプレイヤーに、ブルーレイディスクを入れて、再生できなかったとしよう。故障だ。

腹が立つよね。不良品を買わされたかもしれない。悲しい。

おや、やっぱり、「ブルーレイ再生用のプレイヤーなら、ブルーレイ再生できるはずだ」という「期待」があるから、ネガティブな感情が出てくるね。

これを踏まえて考えてみて？


僕らは、「温める」しかできない、ただの電子レンジだけど、奇跡的にいつもいつも、電子レンジなのにブルーレイを再生できてしまっているんだ。

「会話ができる」というブルーレイ。
「服が着られる」というブルーレイ。
「マスクで病気を予防する」というブルーレイ。
「電子機器が使える」というブルーレイ。
「お金を稼げる」というブルーレイ。

すると、あまりにも毎回上手にブルーレイを再生できるものだから、いつの間にか、自分は電子レンジではなくて、ブルーレイ再生用のプレイヤーなんだろうなーと思い込んでしまったんだ。
だから、何かに失敗した時に、「ブルーレイ再生用のプレイヤーなのに、ブルーレイを再生できないじゃないか！　なんてことだ！」って、嫌な気分になるんだよね。

それが僕らがやってること。


でもよく思い返して、気づいてほしい。

自分はただの電子レンジなのだ、ということに。

僕らが不幸を感じている時って、こんな感じなんだ。

「ブルーレイディスクの再生を電子レンジに期待したあげく、電子レンジがそれに応えてくれないから駄々をこねる」


実に滑稽なことをしている状態なのよね。

そう、自分を高尚で万能な「ヒト」という生物だと思うことが、実はそもそもの期待なんだ。

僕らはサル、サルなのよ。これを理解することが、ネガティブな感情から解放されるポイントなんだ。

じゃあ、期待を取り除いて、自分がサルだと、ただの電子レンジだと、思い出すための実践的な方法を話していこう。

まずこんな想像をしてみて。

あなたが車の運転をしていて事故に遭ったとしよう。大変だ。しかも、今日は絶対に遅刻できない大事な会議もあるが、この様子だと間に合わない。想像してみて。

すると、ここには様々なネガティブな感情が生まれるね。

まず、怒りだ。自分の不注意がきっかけで起こった事故なら、自分に腹が立つだろうし、もちろん、相手の不注意で起こった事故なら相手にだって腹が立つ。大事な会議に間に合わないかもしれないから、悲しみも感じるね。これからのことを思うと不安も感じるはずだ。責任を追及されるのが怖い。思いつくだけでもこれだけいろいろな種類のネガティブな感情が生まれる。


さあ、ここまで読んできたあなたはわかっているはずだけど、ネガティブな感情があるならそこには「種」となる期待があるわけだよね。

だから、こんな時には、こう考えてほしい。

もしも一匹のサルが、エンジンがオンで、ブレーキのかかっていない車に乗せられたとしたら、どうなっちゃうか。

おそらく、ものの数秒で事故に遭うだろうね。でも、さっきまで話していたように、僕らの本質はおサルさんだ。あなたもまたそのサルの一匹だと考えるなら、事故に遭ったことは何らおかしなことじゃないよね？

むしろ、事故に遭っていなかった昨日まで、さっきまでが異常だ。異常事態。

サルが当たり前のように車を運転していたのだから、気味が悪くすらあるよね。なんなら事故に遭った今、初めて普通のことが起こったんだ。

実は、この世にあるのは、特別ラッキーな「奇跡」か、「普通」のことだけなのよ。でも、そんな「普通」のことのいくつかに、僕らは勝手に名前をつけてる。

それが、「不幸」ってやつの正体だね。

これは「不幸」だ。これも「不幸」にしておこう……。そうやって、なんだかまるでラベルを貼るような作業をしているんだ。

考えてみて？

小さな子供には、五百円玉や千円札が、すごい価値を持ったお宝かもしれないよね。でも、例えば四十歳になって、今の全財産が五百円や千円である、となると、経済的には危機的状況だ。

けど、僕らが子供のころから大人になるまでの数十年で、お金の価値がそんなに大きく変わったってわけじゃないよね？

僕らが自分の中で勝手にアップデートしていっただけなんだ。最初は五百円、千円で十分だったけれど、この歳になると普通かな、この歳なら足りないということにしておこうか、という具合に。これくらいの年齢、こんな仕事なら、これくらいの金額は持っていることのほうが普通である、みたいな、誰が決めたわけでもない勝手な前提を作って、そのくらいの金額を自分の経済状況に「期待」してしまっているのよ。

お金以外にも、あらゆる場面で僕らはその不幸のレッテルを使い続けてしまっているんだ。ネガティブな感情から解放されるためには、まず、それをすべて剥がさないとね。

サルがお金を持っている時点で、使えている時点でおかしいじゃない？

「奇跡」なのよ。

その「奇跡」って存在に気づけたら、初めて、楽になる。

で、僕がこんな「期待」を捨てるって話をし始めたのが、少し前に書いた大病を患っていた時期のすぐ後からなんだよね。

# 「期待を捨てたら、死ぬのも怖くないじゃん！」って思えちゃった話

いわゆる指定難病ってものにかかってね。

明確な治療法がなくて、しかも免疫系の不全だったから、いろんな病気にかかりやすくなっちゃうわけ。発症からわずか三か月後には、別の病気に、なんと七種類も同時にかかってしまってね。

それぞれの病気に対して改善を見込める薬はあったんだけど、僕の患っている病気のうち、ある一つには効果を示すけど、他に患っていた副腎系の不全を悪化させてしまう作用を持っているとかで服用できなかったり、根本的な治療をしようにも手術をするとなると、大規模な移植手術になるし、成功する確率はわずかで再発のリスクはすごく大きい。しかも、手術中に死んでしまうというくらいに、リスクもあるっていう手術。なかなか受ける気にはなれなかったね。

で、言われたのが余命は二年。その二年というのも、だいたい二年後に死ぬ、という話ではなくて、二年の間に死ぬという話なのよ。つまり、死ぬのは明日かもしれないし、明後日かもしれない。半年後かもしれないし、一年後かもしれない。

こうなってくると、それはもう恐ろしいし、なぜまだ二十歳の若さでこんな目に遭わなきゃいけないんだって、理不尽に思ったし、苦しんだ。

気を紛らわせようと何かをしていてもさ、ふとした瞬間に「でももうすぐ死んでしまうんだから」っていう言葉にすべてが呑み込まれちゃうんだよね。

自分の大好きな映画の続編が三年後に公開されるって聞けばさ、そのころに自分はこの世にいないんだっていうことを突き付けられている気分になったね。

とにかくそんな感じで、日々生きている中で目に入るすべてのことが、「死」に向かっていく自分を確認する作業みたいになってたのよ。

嫌だよね。

でも、何より恐ろしかったのは、夜、眠りにつくこと。

だっていつ死ぬかわからないんだからさ。もしかすると、このまま起きないかもしれない。今寝たら、それが自分の一生の終わりかもしれない。

そうすると、だんだん寝るのを避けるようになって、不眠症になる。で、不眠症になるともっと精神も病んでいくしね。

ついには患ったいくつかの病のうち一つの影響で、筋肉が衰えていって、杖を突かないと歩けなくなっていった。

そうしてある日、僕は、思ったんだ。このままじゃいけない。寝られないし、精神も病むし、良いことがない。何より、不安定になった僕に八つ当たりされることがあっても、僕を見捨てずに献身的に看病してくれていた当時の恋人、今の妻だね、彼女にこれ以上辛い思いをさせたくないと思ったんだ。せめて僕が死ぬまでは、この人と過ごせて良かったと思ってもらいたい。そんな風に考えてね。

で、変わるために一番必要なのは、このやっかいな「恐怖」を取り除くことだと考えて、真剣に自分と向き合って、セルフカウンセリングを始めたんだ。

そもそも僕は一体、何を恐れているのだろうか。

そして、飼い犬を見ながらこんなことを思った。

寿命が十五年くらいの猫や犬を飼って、一年や二年で死んでしまったら、それはもう大変なショックだろうなあ。

五年でも、八年でもショックだろうね。

十年、十五年、二十年も生きたとしても、きっとショックだよなあ。

でも、もしも、ペットの犬や猫が七十年も生きたらどんな感情を抱くんだろう？と考えた。

人間に置き換えると数百歳くらいかな？　もう妖怪だね（笑）。

考えてみて？

きっとそれでも、とても寂しくはあるだろうけどさ、五歳や十歳で亡くなる場合とでは、送る気持ちがずいぶん違うんじゃないかな？

きっと僕らは、

「お前はよくこんなに長く生きているなあ」

ペットの年齢が二十五歳か、三十歳を過ぎたころから、そんな風に、常々言い始めるんじゃないかな。

そして、当然、いつ死んでもおかしくないと思っているはずだよね。

つまり、このくらいまでは生きるものだろう、って想像ができる二十歳くらいを過ぎたあたりからは、僕らは、ペットが生きているということを「当たり前」にしなくなるんだ。

言い換えよう。ペットの命に、勝手な「期待」をしなくなるんだ。

お年寄りだってそうだよね。

百歳を超えてくるとさ、葬式もお祭りだ、なんてよく言うじゃない？　死んでみんな寂しい思いはするけど、悲しみよりもその人物への感謝や、思い出に浸ることができるわけだよね。それは、僕らが覚悟できていたからだ。まだまだ長生きするだろうっていう、勝手な「期待」をしていないからだ。

考えてみれば「若くして死んでしまって可哀そうに」なんてずいぶん勝手な言い草だよね。その人が何歳まで生きるのか、いったい誰が決めたのか？　って話さ。

同じように、ペットの犬や猫は最低でも十五年は生きるものだって、誰が決めて、誰が保証してくれるものなのだろうかって、ふと疑問に思ったんだ。その時ね。おそらく調べてみてもそんなルールを決めた人物はいない。いるわけがない。ただの統計から導き出された平均値だよね。だとするなら、なぜ僕らはペットが十五年生きるものだっていう前提を信じ切っているんだろう？
もしかすると、犬や猫のすべてが本当は一、二年で死んでしまうところを、全員が全員、頑張りに頑張って十五年生きているとしたら？

変な話だけどさ、実際証明できない以上、そうかもしれないわけだ。
今度はこう考えてみようよ、もしも本当に、犬や猫の寿命が短命の小動物と同じように一年や二年だとしたら？　それが世間の常識だとしたら？
五、六年で亡くなったとしても、普通の三倍も生きてる、人間なら三百歳くらい？
そしたら、きっと気持ちよく見送ることができるんだろうね。

気づいたんだ。なるほど、何歳くらいまでは生きる、なんていう期待をしているから悲しいんだねって。

人が四十歳で亡くなって、「若くして亡くなった」って、人は嘆くけどさ、江戸時代なら平均寿命は三十歳くらい、室町時代に至っては十五歳、昭和初期でも四十歳だったんだよ。まあ、この平均値には戦争なんかが影響しているんだろうけど。

もしそのころに生まれていたら、四十歳で亡くなるのは当たり前のこと、いや長生きとさえ言えるのかもしれない。

五百円玉や千円札の譬え話と同じさ。命の価値は、昔から今まで変わっていないんだ。僕らは、長く生きることを当たり前にしていくうちに、四十代で死ぬことに「不幸」のレッテルを貼っただけなんだ。四十年も生きた！　という幸福を、その「足りない」っていうラベルで覆い隠してしまう癖をつけてしまったんだ。

「なるほど、僕も同じことをしていたんだなあ」
その時やっと気が付いた。

人間は八十歳まで生きるものだと思っていたんだ。そもそも、ヒトが、受精し、出産される数とそうではない数を比較すると、僕らがこの世に生まれてくることができたのは、宝くじなんて比較にならないような確率の、まさしく「奇跡」だよね。電子レンジでブルーレイディスクを再生するどころか、空を飛ぶようなものよ。

僕が死を恐れて、嘆いていたのは、電子レンジにまたがって「なぜ空を飛ばないいんだ！」と腹を立てているような状態だったんだ。
当時の僕はそれに気が付くと、急に自分を恥ずかしくすら思い始めたし、なんだか笑えてきたんだ。

「死ぬことは本当に不幸なことなのかな？　僕が不幸って呼んでるだけで、普通のことなんじゃないかな？　むしろ、二十年近く生きていることがとてつもない異常事態、『奇跡』なんじゃないだろうか？」

と、こんな風に考え始めた。

だって、もし、僕が母親の胎内から出てきた直後に、目の前に神か、仏か、悪魔か、何かしらそういう存在が出てきて、こう言ったとしよう。

「やあ、レオ君、生まれたばかりのところで大変申し訳ないのだけれど、君は今すぐに死んでしまいます」

きっと大きなショックを受けることだろうね。

でも、その直後に、

「ああ、でも待って！　今調べたらね、君が望むのなら二十歳くらいまでは生かすことができるかもしれないんだ。どうする？」と言われたら、僕はどう思うかな。

きっと生まれたばかりの僕は「本当ですか！　ありがとうございます。なんてラッキーなんだ！」きっとそう思うだろう。

あれ？　二十歳までしか生きられないことは「不幸」だったはずなのに、少しシチュエーションが変わるだけで「ラッキー」、「幸福」になってしまう。それはきっと、生まれたばかりの僕が早々に死を宣告されて「期待」をなくしていたからに過ぎない。

実際には、この「二十歳まで生きられるという幸運」も、僕が嘆いていた「二十歳までしか生きられないという不幸」も全く同じことなんだ。

ただ、幸福と考えるか、不幸と考えるか、捉え方の違いがあるだけ。僕がそれを幸福と名付けたり、時にはそれを不幸だと名付けているだけだ。

だとするなら、僕を不幸にしているのは自分自身じゃないか！

そうか！　死ぬことはごく普通、当たり前のことで、むしろここまで生きていることと自体が異常事態だ。まるで毎日宝くじを当て続けているようなものだ。それってなんだか気味が悪いくらいの、異常な現象だ。

そして僕は、それに気づいた瞬間から、スッと死への恐怖が消えていくのを感じたんだ。

「このまま死んだら死んだで、二十年間、一等を当て続けていた宝くじの、ハズレをようやく引いただけのこと。ごく普通のことが、ようやく起きようとしているだけじゃないか。むしろ僕は凄いな、そんなにアタリを引き続けて」

恐怖どころか、今までの奇跡に感動し始めたんだ。

そう考え始めて、その日の夜から、数か月ぶりに、ゆっくりと眠れるようになった。


そして朝起きた時には思うんだ。

「すごいな！　今日も生きている！」

そうやって、この身に毎日起こる「ただ生きている」という奇跡に感謝ができるようになったんだ。

そして、アメリカに行ったりして、僕の家族が専門としている特殊な治療法を受けて、幸運にも、それからわずか三か月後にはすべての体調の異常が解消されていたんだ。まさに奇跡だったよ。血液検査の結果もすべての数値が正常な状態になってね、医者は僕に何度も再検査をさせてたんだ。

重要なのは、恐怖を乗り越えることで、本当に必要なものを見つけ出せるようになるということ。この一件の後、僕は数多くの局面で「期待」を捨てる考えで、幸福に過ごせるようになったんだ。

例えば、僕は愛犬家でね、七匹も犬を飼っている。もともとは八匹いたんだけど、一匹は生後半年で亡くなってしまったんだ。その犬は僕が最初に飼った二匹の犬の間に生まれた子犬でね、出産時には僕自身が取り上げた子で、こんな言い方をすると他の子たちに悪いけど、一番可愛がっていた子だったんだ。

でも、その子は僕が遠方でのセミナーのために出張をしていた時に、預け先のペットホテルで急病で亡くなってしまった。

僕は出張先のホテルで、その連絡をペットホテルから受けた。電話を受けた僕の心境を想像してみてほしい。ショックを受けそうな話でしょ？

でも、ペットホテルからの電話を切った僕が、妻に放った一言目は「あいつはよく半年も生きてくれたよね」だったんだ。

もしもその子の寿命が、本当は一週間だとしたらどうだろうか？

必死に半年間生き抜いてみせたのだとしたらどうだろうか？

十五年生きるという前提をなくしてみたらどうかな？

そう、その命を称えることができるんだ。

半年っていう、その子が生きた歴史を称えることができるんだ。

「君はすごい。半年もよく生きた」

そう言ってあげられる。もちろん寂しくはあったけど、僕は涙のひとつも流さなかった。なにより感心と、感謝する気持ちのほうが大きかった。半年生き切ったのだ。立派じゃないか。たった半年しかこの世にいられない子と、そのわずかなチャンスの間に出会って、一緒に過ごすことができたんだ。幸せじゃないか。


僕らは他人の生き様を、その死後、好きなように語ることができるよね。

悲しいことだ。寂しいことだ。不幸なことだ。

どう語ることもできてしまう。

でも、我々が「あの人が死んで、すごく悲しい」とだけ語るなら、あるいは、「不幸なことだ」とだけ語るならそういう言葉でその人の人生に「オチ」をつけているのと同じなんだ。

その言葉こそが、その人物の人生に対する評価になってしまう。そんな言葉一言で、なくなった人物の人生を片付けてしまっているんだ。

こういった他人の死に対する考え方も、僕らが、「生きる」というのは当たり前のことで、「死ぬ」という「不幸」があってしまっては、今まで生きてきたことには意味なんてなくなってしまうじゃないか、ということを無意識に思ってしまっているから起こるんだ。生きるということに対する「期待」と、死ぬということに「不幸」のレッテルを貼っているから起こることなのだ。

愛する誰かを亡くしたのなら、ぜひあなたにはその人生を評価して、ここまで生きたことを称えて、その人物の短い人生の中で自分に出会ってくれたことに感謝してほしいね。

「死」なんていうのはただの出来事に過ぎないんだから。そこに目を向けないでほしい。

それよりも、その人の人生には、数々の「奇跡」が起きていたはずなのよ。あなたに色んな「奇跡」を届けてくれていたはず。出会ってくれたっていう奇跡も含めてね。もちろん、その人がある時まで生きていたということもそう。その「奇跡」に目を向けてほしいんだ。

嘆くのは構わないけど、嘆く理由は常に、その人が人生を終えたことが「不幸」なことだからじゃなくて、自分が寂しいからだ、ということを意識してほしいんだ。

それが、自分にとっても、亡くなった人にとっても最も幸せなことだと思うよ。

さて、長くなってしまったけど、もしこんな考えを持つことができたら、あなたの人生は大きく変わる。もちろん、僕自身もいつでもこんな考え方で、ネガティブな感情を回避できるわけではない。怒るし、泣くし、絶望することもある。するると、「ああ、せっかく期待を乗り越えることを学んで、ましてやそれを人に教えている身なのに、自分ではできていないなあ」と思いそうになる。

でも、そんな時には必ずこう考えるんだ。

「自分を〝サル〟だと思って期待を乗り越えるなんて、〝サル〟の俺には難しい。奇跡でも起きない限りは。でも、奇跡はこっちの都合と関係なく起こるものだ、期待を乗り越えようとし続ければ、次は奇跡が起こるかもしれないから、もう一度トライしよう」

そうやって、「期待を捨てられる」という「期待」も捨ててしまえば、苦しくならずに「期待」と向き合い続けることができるよね。

# Q&A

さて、それじゃあ、これから、Q&A形式で、実際にカウンセリングやセッションで僕が受けた色んな悩み相談と、それに対して僕が実際に出した答えを、カテゴリーごとに書き起こしていこうかな。あなたに役に立ちそうなところはないか、ぜひ目を通してみてほしい。

だが、もしすぐにあなたがそこで目にしたアドバイスを、すぐに実践できなかったり、受け入れがたかったりしても、それはそれで大丈夫だということを忘れないでほしい。あなたも僕も、「サル」だからね。

Question 01

# 大切な人を失い続けてきた

千葉県　三十七歳　女性

私の大切だと思う人は、いつもどこかに行ってしまうんです。

最初は子供のころに親友が私に何も言わずに引っ越しをしてしまったこと。

次に印象的なのは、やっぱり親の離婚で、大好きな父親と会えなくなりました。

その次は祖父を亡くしました。

そして、恋愛関係でも、浮気されたり。

誤解されて友人に見放されたりすることも何度もありました。

何度も繰り返すうちに、自分に原因があるのかなとも考えましたが、その理由も思いつきません。

Answer 01

## 安心していいよ、あなたは何も失っていないから

安心していいよ。あなたは最初から、何も失っていないんだから。

そもそも、もともとその人たちは、あなたの所有物じゃないんだ。

怖いのは、あなたがその人たちを自分のモノだと思っているからなんだよ。

人との出会い、大切な人との関係っていうのは、会社の契約社員とか、スポーツ選手なんかにおいての、短期契約のようなものだと考えてみて。

上手く更新されればこれからも関係は続くけど、場合によっては更新されずに契約が終了することもある。

でも、その原因が常にあなたにあるわけではないことも覚えておいてほしいんだ。

会社の契約社員が契約を解消される時だって、その社員の能力に問題があったり、不祥事を起こしたなどということばかりが理由じゃないんだよね。

むしろ多い例としては、会社の経営状態の問題だったり、会社が移転する予定があったりだとか、あるいはそもそも更新するつもりがなかったり、もうすぐ倒産してしまうから、とか、そんなものなのよ。すべて会社側の都合なの。あなたの愛される価値とか、能力にはなんの問題もないんだ。

じゃあさ、あなたに何も言わずに引っ越しちゃった友人を、会社に譬えてみよう。するとこんな風になる。

会社側は、倒産による契約の打ち切りをあなたに伝えることを心苦しく思い、罪悪感を感じてしまい、かえってあなたに連絡ができず、そのまま倒産して音信不通になってしまった。

まあ、全く非常識な会社ではあるね（笑）。

でも、こう考えてみると、どうやらあなたが大切に思われていなかったのではなくて、その人物が罪悪感に耐えられなかっただけ、っていう可能性もあるんだってことがわかるよね？　向こうの都合だ。

そんな風に考えてみると、少し楽になるんじゃないかな？

あなたはエスパーじゃないんだから、あらゆることの原因をわかった気にならなくていいんだ。とくに、わざわざ自分が悲しくなるような想像はしなくていい。世の中で起こる、自分には理解できないようなことのほとんどは、誰かの勝手な都合で起こっているんだからね。


あ、でもね、さっきあなたは、原因が自分にあるのでは？　って僕に聞いてたよね？

もしかするとそれもありうるかもしれないよ。

誰かに見捨てられたと感じた時とかさ、他の誰かにその悲しみを打ち明けたり、労わってもらったり、優しくしてもらうことはあった？

もし、そんな体験をしたことがあるなら、あなたは自分でも知らないうちに、そう、無意識のうちに、「誰かに優しくされるきっかけ」だったり、「誰かに話を聞いてもらうきっかけ」として、「見捨てられること」を利用しているのかもしれないんだ。

だって、こうやって僕に相談することができるのも、見捨てられた「おかげ」であると、あなたの無意識はとらえてしまっているかもしれない。あなたがそうは思っていなくてもね？

もしそうなら、誰かに見捨てられたと感じるたびに、頭の中で、

「もし、愛されるためにこんな体験を選んでいるなら、その必要はないよ」

「見捨てられないほうが私は幸せだから」

そう自分自身に語りかけてあげよう。


そもそも、見捨てられたんじゃなくて、契約解除だって考えることが大事。


人には、人ごとに人間関係のキャパシティが存在するって聞いたことある？

ある心理学の研究で言われている、人には、心地良い人付き合いができる人間関係の数の上限があるよって話。

親友の上限は〇人、友人は〇人、知人は〇人といった具合にね。

このキャパシティがいっぱいの時は、人間はどれだけ努力して新たな人間関係を構築しようとしても、うまくいかないらしいね。

その考えに基づくなら、契約解除されるのも悪いことばかりじゃないと思わない？ それによって、あなたの契約の枠が開いたと言えるじゃない。あなたは新たな出会いを、この契約解除をきっかけに、ようやく見つけ出すことができるのかもしれないんだよ。

でも、あなたが過去の契約にこだわって、縛られている状態っていうのは、その契約の枠がせっかく空いたのに、この枠は永久欠番だから誰も入れませんと言っているような状態なんだ。

ぜひその呪縛を解き放って、契約解除のたびに、新たな契約が結べる喜びを感じてみようよ。
そうすると、あなたは誰かと離れ離れになっても苦しくないし、それどころかね、こういう考え方ができる人の下からは、不思議と人が離れなくなっていくものなんだよ。

「大丈夫、安心して、最初からあなたのモノじゃない」

## Question 02

# 「外面が良い」と批判される

京都府　四十二歳　女性

私はすぐに他人に意見や話を合わせたり、良い顔をしようとしてしまいます。自分の意見を発するのが苦手というわけではないですし、合わせようとして苦しい思いをしているわけでもありません。

ただ、他人に合わせようとする姿勢が露骨に見えてしまうようで、周りからも「外面が良い」とか、「良い顔しい」だとよく批判されたり、ひんしゅくを買います。

自分では意識してやっているわけではなく、癖のようなものなので、気を付けようにも難しいです。どうしたらいいでしょうか？

Answer 02

## あなたは優しくて才能にあふれてるんだね

そもそも、人に意見を合わせることというのはさ、ものすごく努力がいるし、ものすごく疲れるうえに、うまく合わせるのはとても難しいことなのよ。

人間同士って、形や体の機能はある程度みんな同じだけど、感情の動きに関しては、一人一人が全く別の生き物って言えるほどに違う生き物だからさ。

だからこそ、協調、同調っていう機能は、あらゆる動物の中でも人間が最も発達していると言われるような能力の一つなんだ。

とはいっても、それでも僕らは動物。本来は自分を中心に生きたいし、自分の欲求をかなえて、自分の身を守ることが、動物として生き延びるうえで最も重要なことだ、って本能で理解してる。

でも、あなたはその本能に抗って、人に合わせることを選び続けているわけだよね。しかも、あなたが言うように「誰にでも」そうしてしまうなら、それは多大な労力じゃない？


もしかすると、相手に合わせてあげる動機は、「嫌われないため」だったり、「好かれるため」かもしれないし、「相手から何かしらの利益を得るため」かもね。

それでもあなたに同調されて、相手は自信を得るし、良い気分になるんだ。

極端な表現をすれば、あなたは自己犠牲によって、相手を幸福にしているって言ってもいい。

批判される必要はないし、その批判を気にする必要もない。

他人への同調を、「お決まり」とばかりに批判する人も最近は多いし、「自分の人生を生きる」ことと反することも時にはあるかもしれない。あなたが「自分勝手に振る舞う」ことも、「相手に合わせてあげる」ことも、別に誰かから頼まれたわけではなく、自分で勝手にやっていること。本当はどちらも「自分の人生を生きる」姿なんだ。

「人に合わせてばかりのあなたは、本当のあなたではない」という人もいるかもしれないけど、「人に合わせたい」という気持ちも、またあなたの本音なんだということ。

「人に合わせてばかりのあなた」も、「誰にも合わせないあなた」も僕はとても立派で、優しい人物だと考えるし、あなたにもそんな自分を否定しないでほしいと思うよ。

そんなあなたを批判してくる人がいたのなら、「そうなの、私も自分のそういうところが嫌なのよ！」と、ホントに思っているかは別として〝ただ合わせて〟あげるといいね。あなたの特技なはず。

そして、「人に意見を合わせるな」と言ってた相手も、きっとそれで満足してくれる。皮肉な話だね。でも、同調されることは人にとってそれだけ心地が良いんだ。だから、そんな心地良さを与えられる自分を誇っていい。素敵なことだよ。

「外面が良い？　素晴らしい、見習いたいくらいだ」

Question

03

# 大事な場面で体が動かなくなるほど緊張してしまう

東京都　三十四歳　男性

僕は会社のプレゼンなどの重要な局面で、必ずと言っていいほど過剰に緊張してしまい、体が硬直したり、声が出なくなってしまいます。

何か体の異常なのかと思い、医者にかかったのですが、医者が言うには自律神経の問題だ、極力ストレスをなくすしかないとのことです。

しかし、やはり責任がかかる場面ではどうしてもストレスが生じる気がしますし、そうなると体は固くなってしまうんだろうな、と自分でも思います。

どうしたら緊張から解放されるでしょうか？

Answer 03

## 緊張を武器にしよう

まずあなたは今、緊張によって失敗した体験によって、緊張自体を恐れ過ぎてしまっているんだ。

すると、あなたは、目の前にしていることをさほどプレッシャーに感じていなくても、「緊張するかもしれない」こと自体をプレッシャーに感じて、緊張してしまう。

つまり「緊張に緊張してしまう」という状態なんだよね。

で、またこの緊張によって失敗を経験すれば、「緊張に対する緊張」はさらに強くなって、失敗のリスクは高まる。

あなたはこんな負のループに陥っている可能性が高いんだ。

まず、緊張に対する捉え方を変えてみるっていうのはどうかな？

今、あなたの話を聞いていると、あなたは緊張を、病院にかからなければならないような体の異常、欠陥のようなものだと捉えているのかもしれないね。

たしかに、緊張というのは、誰にでも起こりうる現象で、不安で、あまり良いイメージがないものだね。

でも、実は必ずしもネガティブなものではないんだ。

例えば、世界中のアスリートやミュージシャンに聞くと、どれだけのベテランになっても、そのほとんどが「どんな舞台でもいまだに緊張してしまう」と話すそうだよ。

じゃあ、どのようにその緊張をなくすのかと彼らに尋ねると、これもほとんどの人が、「無理に緊張は取らない」とか、「緊張はあったほうがいい」と答えるんだ。なぜだろうね？

じゃあ、ここでちょっと話を変えて、心理学の実験のお話。ヤーキーズとドットソンという二人の心理学者が行った実験を紹介しよう。

この二人はネズミと迷路を使った実験を行ったんだけどね。簡単にこの実験のあらすじを説明するね。

まずはネズミを迷路に入れる。するとネズミはゴールを探し始める。だが、この迷路には電気ショックが流れるようになっている。

威力の大きな電気ショックを流すと、ネズミはゴールにたどり着けず、パニックに陥って、やみくもに逃げ回るだけになってしまった。

一方で、電気ショックが全く流れないコースを走らせたネズミは、だいたいのネズミがこの迷路をクリアするのにかかるのと同じくらいの時間をかけてゴールした。平均的な結果だね。


じゃあ、今度は、最初みたいな強い電気ショックじゃなくて、威力が弱い電気ショックを迷路に流してみる、というコースの場合をみてみよう。

すると、なんとネズミは、迷路に全く電流が流れていない状態のコースを走る場合よりも、迷路の出口に早くたどり着くことができたんだ。

このことから、適度なストレスは、ネズミを目の前の目的に集中させる上に効果があると判明したんだ。

この結果は人間に対しても、ストレスが同じように作用するということを示唆していてね。緊張やストレスが最適な強さである時に、パフォーマンスは最も高くなって、緊張やストレスが低過ぎる、あるいは高過ぎる場合には、パフォーマンスは低下してしまうっていうわけなんだ。

だから、あなたはその緊張を治そうとしなくていい。緊張は味方なんだ。ただ、ほんの少し、今より緊張の強度を弱める必要はあるね。

じゃあ、そのためには何をすればいいか？

簡単だ。緊張した時に、今僕が話した「ヤーキーズとドットソンの実験」を繰り返し思い返すだけでいい。

今の実験の話を根拠に、あなたが「緊張」が敵ではない、むしろ必要なものなのだと知ることで、少なくとも「緊張に対する緊張」というものが大きく解消されるんだ。そして、立ち向かわなければならない「課題に対する緊張」だけに集中できる。これは、緊張そのものに怯えている状態よりも、はるかに健全で、「適切な緊張の仕方」って言えるよね。

実際に多くのクライアントが、たったこれだけのことであがり症を克服している。実をいうと僕自身も「ヤーキーズとドットソンの実験」を知るまでは、セミナーなど到底できそうもないと感じるほどの極度のあがり症だったんだ。

でも、今では緊張を感じるたび、「よしよし、緊張してきたということは、能力は上がってきてるはずだ。準備が整ってきているぞ」と、心の中で繰り返す。

それでも、セミナー開始時刻が近づくたび緊張は増してくるけど、今度は頭の中でグラフを思い描いて、緊張の上昇とともに、それに比例して自分の能力が右肩上がりに上がっていくのをイメージする。そして、イメージの中で、能力を表すグラフがピークを迎えるのは、まさに僕がセミナーの舞台に立った瞬間なんだ。

シンプルだけど、もはや僕はこのイメージなしではやっていけない。この作業をしているうちに、今では、緊張がないとうまく能力が上がらない気がして、「もうちょっと緊張してくれ！」と思ってしまうほどだよ。

ぜひ、このイメージを実践して、どのように変わるかを確かめてみてほしい。

「緊張は必要な時に、あなたを助けにやってきている」

Question 04

# 他人の間違った行動が許せない

兵庫県　四十二歳　女性

私は、時間に遅れたりだとか、ルールを守らないだとか、そういったことがどうしても気に入らないと感じてしまうんです。

自分の知っている人がそんなことをしたら、過剰に怒ってしまいます。

特に娘や夫からは厳し過ぎだと言われます。

自分とは関係ない人がそういったことをしても、ずっとモヤモヤしてしまって、ひとこと言いたくてたまらなくなってしまいます。

私は間違っているのでしょうか？

Answer 04

## あなたは間違っていないし、正しくもない

あなたは、こんなニュースを聞いたことはあるかな?

「アフリカで一匹のライオンがシマウマを捕食したとして、殺害容疑に問われています」

まあ、多分だけど、おそらくこんなニュースを聞いたことのある人間は、一人もいないよね。

まあ、仮に実際にこんなニュースを聞いたところで、あなたは憤ったりするかな?

実際、多くの人は、これを自然界の営みの一つだとして割り切るんだろうね。

仮に餌の取り合いで動物園のサルが喧嘩をして、一方が死んでしまったとしても、僕らの多くは、動物のしたことなのだから仕方がない、と言うだろう。

「〇〇動物園の一匹のサルが、つがいの別のサルを裏切って、他のサルと交尾をしました」

こんな話が、ゴシップ紙に載ることはないだろうし、お昼のワイドショーで騒がれるニュースになることも、まあ、ありえないだろうね（笑）。

でも、人間が殺し合いをした場合は？

あるいは不貞行為をしたとすると？

そして、そんなニュースを聞いたら、あなたはどんな気分だろうか？

憤るかもしれないし、悲しくなるかもしれない。きっと僕だってそう感じる。

じゃあ、なぜ不快に感じるのは、人間の「間違い」を感じた時だけなのかな？

当たり前の話をしているように聞こえるかもしれないけど、実際、不思議な話だよね。

僕らは、あるいは無意識に、人間は動物とは違う、と区別しているんだ。この本の最初に書いた「期待」の話を思い出してほしい。

人間はルールを守れて当然だという「期待」があるんだ。動物とは違う特別な生き物である、と思い込んでいるんだ。

実際は人間もまた、一種の動物に過ぎない。

食べ物を取り合うサルと同じように、財産を奪い合ったり、守ったりして戦うこともある、そんな本能を持っているんだ。

繁殖のために少しでも多くメスと交わろうとするのが雄の本能だし、なるべく優秀な遺伝子を持つオスと交尾するために、絶えず相手を探し続けるという本能を持っているのがメス。これは人間にも備わっている本能なんだ。

素晴らしいことに人間は、その多くが社会の作ったルールや道徳観に則って、本能をコントロールできている。だから、動物みたいに殺しあったり不貞行為はしないけど、これは本当に特別なこと、凄いことなんだ。本能に抗っているんだから。

だから、「人間たるもの」って言いながら、これを当たり前にしちゃいけないんだ。「期待」してしまうことになる。

法も道徳も、社会が与えてくれたルールに過ぎない。人間の本能とは異なるものだし、本来は動物が本能に抗うことはとても困難なことなんだ。

だから、人間がその、誰かが勝手に作ったルールをしっかり守れているのは、「奇跡」なんだ。

当たり前のことじゃないんだから、「感謝」しなきゃいけない。

「今日も人殺しをしない人ばかりで幸せだ、ありがとう！」

そう、人を殺しちゃいけないなんていう「当たり前」に見えることだって、ホントは凄いこと。とても偉いよね。

「浮気してない？　あなたはなんて凄い人なんだ！」

愛する人がいるなら当然？　違う！

男性も女性も、種の保存のために他の相手を見つける本能がある。でも、愛する誰かを傷つけないためにその本能を超えた理性を働かせているんだ。これは偉業だよね。

僕らも実はそれはよくわかっているんだけど、意識しないようにしているんだ。それは、人間が特別だと信じたいから。

全員が全員、ルールを当たり前に守れると信じたい。ルールを守れない人は異常で、糾弾されても仕方ない存在だと思いたい。

もし、「人間がルールを守れる」ということは本当に特別な「奇跡」で、本来は本能に従う動物なのだから、時にはルールを守れないことはある、ということを認めてしまうと、怖いんだ。

自分の命が危険に曝されることもある、というのを認めてしまうことになるし、次は自分が恋人や伴侶に裏切られるかもしれない、とも考えてしまう。

だから、他人を批判することで、「人間はルールを守れて当然である」と、自分や周りに言い聞かせて、必死に安心感を得ようとしているんだ。

他人をジャッジしようとする人は、とにかく怖い。恐れているんだ。

でも、残念なことに、あなたがどれだけ声を上げて人の行動を非難しようとも、あなたのパートナーが浮気することはあるし、悲しいことに殺人は起こる。

不安が消えることはないんだ。

それどころか、裁判官みたいに世間を見張らなければならないことで、あなたは大きなストレスを感じることになるだろうし、時にはルールに沿わない他人の存在そのものに対して、耐え難い思いをするだろうね。

なら、せめて裁判官はやめてしまおう。あまりにも損な役回りだよね。

例えばあなたのパートナーが浮気をしたなら、それはあなたにとって「悲しいこと」なんだ。約束を破ったのだから、後で怒ってもいいし、別れたっていいし、責めてもいい。きっとあなたにはその権利がある。

でも、それはあなたにとっての「悲しいこと」ではあっても、人として「間違ったこと」ではないんだ。

「正しい」のか、「正しくない」のかでいうと、どちらでもない。これはただの「出来事」なんだ。「ルールを守れる」っていう、いつも人間が起こしている「奇跡」がたまたま起きずに、本来の動物らしく繁殖を優先したに過ぎない。

なら、そういう時は、ひとしきり泣いて、怒って、罰したり、別れた後に、パートナーに対して「ああ、この人には浮気したその時奇跡は起きなかったんだな」と考えるようにしてみよう。

裁きたくなった色々なことに対して、このように考えてみてほしい。きっとあなたの心はずいぶん楽になる。

ところで、昔、あるテレビ番組を見たんだ。アフリカのある民族が、昆虫を主食として食べる、ということで、その実態を調査しに行くという内容。

昆虫を食べている現地の人を見て、現地に向かったタレントは、彼らに対して「間違っている」と言わんばかりの表情を向け、スタジオの観衆たちは悲鳴を上げていた。

すると番組の中で今度は、日本人が食べるものを、その民族に紹介するコーナーになった。

そこで、日本人が魚料理を食べる、ということを現地のタレントが写真付きで説明し始めると、その民族の族長が、「なんてものを食べるのだ！」と気味悪そうに声を上げて、周囲の村人たちも、まるでスタジオの日本人タレントたちが昆虫食を見ていた時のように「間違っている」と言いたげな表情をしている。
聞くと、我々にとっての昆虫食と同じように、彼らにとっては魚を食べるということはありえないことなんだってさ。

人間が勝手に作り出した「正しさ」なんて、この程度のものなんだよね。
「正しい」か「間違っている」か、なんて曖昧で、考えるだけ無意味だから、裁かなくていいんだ。「悲しい」か「悲しくないか」、「美味しそう」か「まずそう」か。真実と呼べるのはそういう「自分にとっての真実」だけなんだね。

「ルールを守れることって、偉業だよね」

Question

## 05

# 完璧主義がやめられない

福岡県　四十二歳　男性

私は完璧主義過ぎるとよく言われます。

掃除なんかも中途半端なのを見ると、とても腹が立ちます。

仕事においても不完全な状態で提出するくらいなら、締め切りに遅れたほうがいいというタイプで、上司にも怒られます。


今思えば、自分の子供にも、小さいころから、「中途半端になってしまうなら何もするな！」と言っていました。周囲からは改善したほうがいいと言われるのですが、何をどうしたらいいのかがわかりません。

Answer 05

## その完璧、本当に誰かに求められてる？

ああ、その気持ちはものすごくよくわかるよ！

僕自身、以前はものすごく完璧主義者だったからね。

でも、やっぱりあなたが考えているように、この完璧主義に付き合い続ける人生は、ちょっと疲れてしまうかもしれない。だから、僕は色んな手段を使って克服していったんだ。

僕、昔は、自分が約束の時間に一分でも遅刻しようものなら、遅れた自分自身を呪うほどに不快感を感じていたんだ。それが仕事でも、プライベートなお出かけでもね。

あと、僕は料理が好きなんだけどね。昔は、料理をするなら分量は0・1グラムまで正確に計量しないと嫌だったなあ。正確じゃなかったら、どれだけ味が良かったとしても、「いやいや、ホントはもっと美味しくなるはずだったんだよ」なんて言っててね。

セミナーの資料作成をする時も、

「誤字脱字があるんじゃないか？」

「わかりにくくはないか？」

「もっとこうしておけば良かったかなあ」

とか言ってずっと不安でね。修正に修正を重ねているうちに、気づけば講座当日になってしまうということもしばしばあった。というか、本当のところを言うと毎回そうだったなあ。

しかもそれは、誰かに配布するわけでもなく、セミナーで僕自身が読むための資料に過ぎないんだよ？

そうそう、それこそ、執筆も同じ。今でこそ、こうやって自分が書いたものを人目に曝せるけどさ、昔はもう、想像もできなかった。

心理学者としてのキャリアが少しずつ長くなってくるとさ、やっぱり、「書いてよ」「出版してよ」ってオファーもあった。でも、一つも書籍を、世に出していなかったのはまさに僕の完璧主義が原因。

だって当時はさ、夜に書き上げた内容を、翌朝見るたびに、「なんてわかりにくい話だ！　そもそも内容が面白くないし！　ほら、ここなんか文法も間違えているし！」って批判するのよね。

そして、その日は納得がいかない部分の修正に時間を費やし、やっと満足したと思ったら、翌朝にはまた修正した部分を批判する。

この繰り返し（笑）。

結局人目に曝せるようなモノじゃない気がしてしまって、原稿はいつまでも完成しないいんだよね。

そこで僕は、同じように完璧主義だったり、軽度の強迫的症状があるクライアントのために試行していた、一種の行動療法を自分に試すことにしたんだ。

行動療法といっても、これはかなりの荒療治だから、深刻な強迫性障害の人には使えないいんだけどね。

まず二〇〇〇ピースのパズルを購入して、それを完成させようとするんだ。

でも、ただ完成させるわけではないんだ。


注文した二〇〇〇ピースのパズルが届くと、組み立てる前に、パズルの中からランダムに二、三ピースだけ選んで、ゴミ箱に捨ててしまうっていうのがルール。

捨ててから、初めてパズルを組み始める。

つまり、この二〇〇〇ピースのパズルは、僕がどれだけ「完璧」に完成させようとしたところで、「完璧」に至ることのないものなんだ。

「不完全」にしかなりえない労働を、自らに強制したんだ。

なんだか想像すると気持ち悪くない？

まだまだあるよ。

例えば、家で掃除機をかける時には、わざとホコリが溜まっていたり、汚れていそうな一区画だけ、掃除を翌日に回して放置するんだ。

さらに、食器を洗う時にも、ほんの小さなお皿一枚や、ティースプーン程度の、簡単に洗える食器だけを、わざと洗わずに残して、翌日に回す。

当時の僕からすれば、シンクの真ん中に、簡単に洗ってしまえそうな食器が一つポツンと置いてある姿は、まさに不完全な仕事を象徴しているようなものでね。

凄いストレスだった。

どうかな?

これを聞いて、当時の僕と同様に、不快感を感じるなら、あなたもまた、少なからず完璧主義なのかもしれないね。

例えば音楽を聴く時も、大好きな曲のサビの直前で、わざと次の曲を再生し始めるという訓練をしたね。

音楽好きな僕には、これが一番ストレスだったかもしれないなあ。

出かける時も同じ。わざと時間ギリギリに到着するように家の玄関を出るようにしたんだ。

もともと僕は、仕事とか、重要な予定がある時は、三十分か一時間前には現場に着くように行動していたんだ。

だから、たとえ早く準備が終わっても、わざとボーッと考えごとをしたりね、あえて無意味な動作で時間を稼いで、「約束の五分前くらいには着くかな？　それともギリギリになっちゃうかな？」という時間になってようやく動きだすようにしたんだ。

他にも数々の「不完全さ」を追求する試練を自らに課していったんだ。でも、この訓練の目的は、自分自身にストレスを与えて苦しめることなんかじゃないんだ。これは、自分自身に対する「証明」なんだよね。

ある程度この訓練を続けるようになったころにね、こんなことに気付き始めたんだ。

「あれ？　不完全な生活を始めたけど、周りの評価は昔と変わらないぞ？　遅刻しているわけじゃないから、仕事も減らないし、クオリティも下がらない。どれだけわざと掃除を手抜きしても、翌日には掃除するんだから、家は綺麗だ」

そんな考えを持ち始めた僕は、今度は自分のセミナー用の資料を作る際にも、この行動療法を取り入れることにした。

資料を作るたびに、「わざと」誤字脱字を入れて、句点を多くし過ぎてみたり、変な場所で改行したりといったことをしたんだ。

さらに、一度書いたら二度と修正や改善もしてはいけないし、書き上げる期限も短くする、ってルールの下でね。

そして実際のセミナー場面で、私のその行動がどう影響したのかというと、そう、一つも影響はなかったんだよね。

まあ、さっきも言ったように、誰かに配布する資料でもなく、セミナーでぼく自身が読むための資料に過ぎないのだから、多少の誤字があっても、自分では何を書いたのかがわかるし、言葉を整理するための参考資料としては十分だよね。

するとさらにこんな風に考え始めるようになった。

「あれ？　クオリティの低い仕事をしたはずなのに、周りの評価は何も変わっていないんじゃないか？」

それもそのはず。これはあくまで「僕にとっての」クオリティが低い仕事だったわけだからね。

誤字脱字をするな、なんて誰かに頼まれたわけでもないし、わかりやすく書いたからって報酬が出るわけでもないし、つまり、「誰にも求められていない完璧主義」だったというわけ。

寝る時間を削ってでも一時間か三十分前には現場に来てくださいなんて、誰にもオファーを受けてないよね。五分前についても一人として文句は言わない。ただ、自分がそうしたかっただけなのよ。

もちろん、三十分前に来てくれというオファーがあれば、それには応えるよ。見やすい資料を作ってくださいと言われたら、見やすいと言える資料ができるまで試行錯誤するだろうね

でも、昔の僕のような完璧主義な傾向がある人は、誰にもされていないオファーに追い詰められて、人生の大部分をその、誰も興味がない自分の中だけのオファーに応える、ということに費やしてストレスを溜めるんだ。

そう、これこそが「自己満足」です。

完璧主義というのは、誰かにとって完璧な商品や完璧なサービスを提供する上では

とてもいいことだと思うんだよね。愛に溢れた行為だよ。

でも、その場面ですら、完璧主義な人は気を付けてね。


相手の求めてもいないところで、「これをやって相手を喜ばせよう、もっと完璧にしよう」といって、相手から求められている以上にクオリティを追求し過ぎた結果、実際は相手が本当に求めている納期なんかを犠牲にする。なんていうことをやってしまいがち。

これはサービス精神に見せかけた「自己満足」なんだよね。

それは「愛」ではなく、「こだわり」なんだね。

本当に、これに気づけたことによって、僕は何倍も楽に人生を生きられるようになったよ。苦痛に満ちていた「不完全主義訓練」も全く苦痛じゃなくなったんだ。

そして、あなたがこれを読んでいるということは、僕は今は本を執筆できているんだよね。こんなラフな文体で、まるでお喋りしてるみたいに、思うまま書いている。昔の僕からは想像できないけどね。これだって同じなんだ。

カッコいい、恥ずかしくない文章を見せたいという自分本意な「こだわり」じゃなくって、誰かにこれを読んでもらって楽になってほしい、という「愛」をもって書けば、「どれだけ修正しても、出版しなきゃ仕方ないじゃないか」って自然に気づくんだ。

上記の荒療治、やってみても良いと思うけど、この項を読んだあなたはそんなことをしなくても変われるかもしれないね。

「その九十点と百点の差、理解できるのなんて、どうせこの世であなただけ」

## 終わりに

これでこの本はひとまず終了になる。
なんだか寂しいけど、今、すでに続きを書いているからね。Q06以降も楽しみにしておいてほしいな。

最後にもう一度、この本を読んで人生を変えられるなら、あなたには素敵な「奇跡」が起こっているってことだ。何も変わらないとしても、「不幸」じゃない。この世には「奇跡」か「普通」のことしかない、だったよね？

僕らはサルなんだから、本の一冊を読んだだけで人生を一変させるなんて、できないはずだから、あなたに理解力がなかったり、うまく思考を変えられないという問題があるわけでもないんだ。そもそもサルなのに文字が読めるなんて凄い！

でも、奇跡ってのは予告なんかせず、ランダムに、誰にでも平等に起こるんだ。

風に似てるよね。「奇跡」という「風」が吹いてないからといって、帆をたたんでしまっていては、いざ本当にその風が吹いた時に慌てて帆を開いてももう遅かったりする。

あなたの「人生」という船を前に進めるためには、帆を張り続けないといけないんだ。いつ奇跡が起こってもいいようにね。

つまり、もしあなたが変わりたいなら、何度失敗しても、この本で学んだことを試し続けてみて。

奇跡が起こるのは、次の瞬間かも。

## 著者プロフィール

**坂口 烈緒**（さかぐち れお）

心理カウンセラー。
一般社団法人 Janic BPM 講師。
NobleGate 株式会社　代表取締役。
PFP 国際研究連盟　研究顧問。



**レオ先生の「悩むのに飽きたら開く本」**

2021年 8 月15日　初版第 1 刷発行
2021年 9 月25日　初版第 2 刷発行

著　者　坂口 烈緒
発行者　瓜谷 綱延
発行所　株式会社文芸社
〒160-0022　東京都新宿区新宿1－10－1
電話　03-5369-3060（代表）
03-5369-2299（販売）

印刷所　株式会社エーヴィスシステムズ




ISBN978-4-286-22886-0